# याददाश्त
### और मैं...

हितेन्द्र कुमार

**Xpress**Publishing
An imprint of Notion Press

No.8, 3rd Cross Street, CIT Colony,
Mylapore, Chennai, Tamil Nadu-600004

Copyright © Hitendra Kumar
All Rights Reserved.

ISBN 978-1-63606-305-8

This book has been published with all efforts taken to make the material error-free after the consent of the author. However, the author and the publisher do not assume and hereby disclaim any liability to any party for any loss, damage, or disruption caused by errors or omissions, whether such errors or omissions result from negligence, accident, or any other cause.

While every effort has been made to avoid any mistake or omission, this publication is being sold on the condition and understanding that neither the author nor the publishers or printers would be liable in any manner to any person by reason of any mistake or omission in this publication or for any action taken or omitted to be taken or advice rendered or accepted on the basis of this work. For any defect in printing or binding the publishers will be liable only to replace the defective copy by another copy of this work then available.

मेरी खोयी डायरी के नाम

सभी बंधु-बान्धवों के नाम

# क्रम-सूची

| | |
|---|---|
| आभार | vii |
| भूमिका | ix |
| 1. स्वयं ही पूर्ण | 1 |
| 2. दुनिया:एक बाजार | 3 |
| 3. क्यों बैठा है मौन ? | 6 |
| 4. लाचार | 8 |
| 5. मेरी माता संस्कृत महान | 9 |
| 6. नापाक को पाक बनाये | 11 |
| 7. यह युग न हो जाए अमर | 12 |
| 8. माँ | 13 |
| 9. लिखना चाहता हूँ | 14 |
| **मैं गजल नहीं** | |
| 10. विरोधाभास | 17 |
| 11. वो है सुख-तर | 18 |
| 12. क्या भरोसा | 19 |
| 13. जनम-जनम | 20 |
| 14. कुछ ही दिनों के इश्क़ में | 21 |
| 15. तसव्वुर-ए-रंजीदा | 22 |
| 16. मैंने की | 23 |
| 17. कोई अच्छा काम कर लूँ | 24 |
| 18. थोड़ा-थोड़ा | 25 |
| **मेरे गीत, आपके धुन** | |
| 19. बारिश की बूंदें | 29 |
| 20. तू चंदा मैं चकोर | 30 |

• v •

# क्रम-सूची

| | |
|---|---|
| 21. कैसे बताये | 31 |
| 22. तेरे इंतजार में | 32 |
| 23. ताज की बात | 33 |

**विविध**

| | |
|---|---|
| 24. डबल मीनिंग का जमाना | 37 |
| 25. वह आकर पास | 38 |
| 26. क्यों रो रहा हूँ | 40 |
| 27. शायद तुम अब, वह तुम न रही | 41 |

# आभार

मेरे जीवन में बहुत से लोगों का प्रभाव रहा हैं । मैं चाहूँ तो आभार व्यक्त करने में ही इक पुस्तक लिख दूँ । मैं राहुल, राजाराम, शशिप्रकाश, गौसेवक, इंद्रकुमार, विकास, प्रांजल, सुमन, डिपेश, सौरभ, मयंक, आकाश, शुभम, प्रशांत, पवन, विजय, लुकेश्वर, दर्शन, ओमनारायण, आशिमा, साक्षी, रमनप्रीत, गोकुल, कृष्णा, सुभाष, रुपेश, रोनित, कुंदन, रविशंकर, हितेश, सुधीर, विशाख, नम्रता, रम्या, ध्रुव, नारायण, उमाशंकर, अभिमीना, कविश, वैभव और दिलीप का धन्यवाद करना चाहता हूँ । आप सब के द्वारा मेरी रचनाओं के लिये किये गये प्रशंसाए, आलोचनाएँ और टिप्पणियां, मुझे बेहतर लिखने के लिए प्रेरित करती हैं । मैं विशेषकर गणेश को धन्यवाद देना चाहता हूँ ,जिसके कहने पर ही मेरे मन में यह लिखने का विचार आया। मैं उन सभी शिक्षकों के प्रति आभार व्यक्त करना चाहता हूँ ,जिन्होंने मुझे हिंदी कि शिक्षा प्रदान की। मैं कामनाशीष और टुम्पा का तहेदिल से शुक्रिया अदा करना चाहता हूँ, जिनके सहयोग के बगैर इस पुस्तक के बैक कवर और फ्रंट कवर को इतना सुन्दर बनाना संभव नहीं था । मेरे पास सुमीत भैया और रूपराम भैया का धन्यवाद करने के लिए शब्द नहीं हैं । आपके सहयोग के बगैर शायद इस पुस्तक की कल्पना ही नहीं की जा सकती थी । मैं मेरे संस्थान के हिन्दी क्लब का बहुत आभारी हूँ, जो समय-समय पर मेरी रचनाओं को सम्मान देकर, मेरी कला को निखारने में सहायता करती रही हैं। इन सबके अलावा मैं उन सभी किरदारों का भी शुक्रगुजार हूँ, जिन्होंने मुझे और मेरी याददाश्त को अनजाने में प्रभावित किया। आशा करता हूँ कि भविष्य में भी आप सबका सहयोग मिलता रहेगा। मैं आपका भी आभारी हूँ जो आपने पुस्तकों के विशाल भण्डार में से मेरी इस पुस्तक को समय देने योग्य समझा। मैं आपके सुझावों, टिप्पणियों और शिकायतों का इंतजार करूँगा।

# भूमिका

याद-दाश्त आपको सताती है , हँसाती है, रुलाती है और यह आपके जज्बातो के साथ खेलती है। याद-दाश्त हमारे साथ जीती है और शायद हम जब मरते है तो वो भी मर जाती होंगी । पर जब तक हमारी धड़कन थम नहीं जाती यह न तो हमें अच्छे ढंग से जीने देती है और न ही मरने। मुझे यकीन है कि आपकी और आपकी याद-दाश्त के बीच भी एक अनोखा रिश्ता होगा । अगर मैं सच कहूँ तो हर इंसान अपने अंतर्मन में बहुत से यादें संजोकर रखता हैं और यकिन मानिए मैं भी एक इंसान हूँ । मेरी याददाश्त की हरकत कुछ अजीब ही हैं । यह दिल से जुड़ी हर छोटी-मोटी बातों को तो संजोकर रखती हैं, परन्तु दिमाग से जुडी बातों को आसानी से भूल जाती हैं । जिन बातों को मेरी याद-दाश्त भूल नहीं पाती, वही यादें एक दिन कविता, कहानी, शायरी या गीत का रूप ले लेती हैं ।

उन का ग़म उन का तसव्वुर उन की याद
कट रही है ज़िंदगी आराम से ।

-महशर इनायती

न मैं हिन्दी में लिखता हूँ न ही उर्दू में | मैं नये हिंदुस्तान में पढ़ा-बढ़ा इसलिए हिंदुस्तानी जुबान में लिखता हूँ । आपके मन में शायद यह सवाल उठ रहा होगा कि आखिर यह हिंदुस्तानी जबान हैं क्या । हिन्दी के कुछ लफ़्ज़ों, उर्दू के कुछ शब्दों और विभिन्न भारतीय भाषाओं के शब्दों के संगम से हिंदुस्तानी जुबान जन्म लेती हैं । मुझे इस भाषा में लिखना इसलिए भाता हैं क्योंकि यह मुझे लिखते वक्त स्वतंत्रता प्रदान करती हैं । मुझे एक विशुद्ध हिन्दी शब्द के बाद एक खालिस उर्दू लफ्ज़ उपयोग करने में थोड़ी भी झिझक नहीं होती । देश भले ही किसी और भाषाओं के वजह से बट सकती हैं, परन्तु हिंदुस्तानी जुबान ऐसी जुबान हैं, जो देश को जोड़ने का काम भलीभाँति कर सकती हैं । यह भाषा, ऐसी भाषा हैं जो नये भारत की नयी पहचान बन सकती हैं । मुझे विनम्र गुप्ता की पंक्तियाँ याद आ रही हैं जो कुछ इस तरह हैं :

कुछ उर्दू घुली है मुझमें
कुछ हिंदी का नशा है
वजूद का है प्रश्न अब
ऐसी मेरी दशा है
मैं छोटे से दरिया का बड़ा आसमां हूँ
हाँ मैं हिंदुस्तानी ज़ुबाँ हूँ ।

हर व्यक्ति का दुनिया को देखने का एक अलग नज़रिया होता हैं । इंसान के अंदर भी एक काल्पनिक दुनिया होती हैं, जो बाहरी दुनिया को प्रत्यक्ष या परोक्ष रूप से प्रभावित करती हैं । हम रोजमर्रा की जिंदगी में ऐसी कई घटनाएं देखते हैं, जो हमारी अंतरात्मा को झकझोर कर रख देती हैं । बलात्कार, चोरी, हत्या और न जाने कितने विकृतियाँ हमें प्रभावित करते हैं| मैंने भी आप सब की तरह इन पीड़ाओं को महसूस करने की कोशिश की है । इसलिए कुछ रचनाएँ मेरे निजी अनभुवो की देन हैं तो कुछ मुझमे बसी काल्पनिक दुनिया की उपज है ।

कोई ख़ामोश ज़ख़्म लगती है
ज़िंदगी एक नज़्म लगती है ।

-गुलज़ार

यह दुनिया अगर किसी एक चीज पर अगर टिकी है तो वह है : प्यार। इश्क़ के कितने अलग नाम रखे गयें हैं : प्यार,उल्फ़त, इश्क़,मोहब्बत,प्रेम और ये कड़ी ख़त्म ही नहीं होती । प्यार के कई रूप है जो विभिन्न परिस्थितियों में विभिन्न रूपों में प्रकट होती है | इश्क़ हर जवाँ दिल की सबसे बड़ी ताकत है । अब ये अलग बात है कि आप इसे प्रकट करते है या नहीं । मेरी नज़र में तो इश्क़ करने वाले ही ईश्वर के सबसे ज्यादा करीब होते हैं । इश्क़, ईश्वर का दुसरा नाम हैं । इश्क़ करने वाले खुद को ईश्वर के करीब महसूस करते हैं, वही ईश्वर भी इश्क़ करने वालो को अपने दिल के करीब पाते है। इश्क़ में मिला दर्द, दुनिया के सारे गमों से बेहतर होता हैं | वैसे मैंने अपने जिंदगी में ज्यादा दर्द तो देखे नहीं परन्तु

## भूमिका

मैं अपने दिल को भ्रम में डालने में माहिर हूँ । मेरा खुशियों से कोई गहरा वास्ता नहीं रहा और ग़मो से भी कोई ख़ास राब्ता भी नहीं रहा । दर्द मेरे दिल की आदत है और मुस्कुराना मेरी फितरत है। तो चलिए मैं आपको दर्द,मोहब्बत, मुस्कराहट, मेरी और आपकी दुनिया में ले चलता हूँ ।

तदबीर-ए-मर्ज़-ए-इश्क़ न दवा न दुआ से होती है,
इश्क़ एक ऐसा रोग है, जिसका मुकाम मौत होती है।

# 1. स्वयं ही पूर्ण

मैं आदि हूँ, अंत हूँ,
शून्य हूँ, अनंत हूँ,
मैं सख्त हूँ, नरम भी हूँ,
सत्य हूँ, भरम भी हूँ,
निर्गुण हूँ, सगुण हूँ,
हर कार्य मे निपुण हूँ,
मैं स्वयं ही में पूर्ण हूँ ।

मैं योद्धा हूँ, युद्ध हूँ,
शांत हूँ, क्रुद्ध हूँ,
मैं कर्ता हूँ, कारक भी हूँ,
निर्माता हूँ, संहारक भी हूँ,
ढाल हूँ, द्रुण[1] हूँ,
हर कार्य मे निपुण हूँ,
मैं स्वयं ही में पूर्ण हूँ ।

मैं स्वप्न हूँ, द्राण[2] हूँ,
प्रत्यक्ष हूँ, प्रमाण हूँ,
मैं शिष्य हूँ, शिक्षक भी हूँ,
दाता हूँ, भिक्षक भी हूँ,
मूढ़[3] हूँ, प्रगुण[4] हूँ,
हर कार्य मे निपुण हूँ,
मैं स्वयं ही में पूर्ण हूँ ।

मैं नर हूँ, नारी हूँ,
जीता हूँ, हारी हूँ,
मैं निर्वात हूँ, पवन भी हूँ,
भूमि हूँ, गगन भी हूँ,
अग्नि हूँ, वरुण हूँ,
हर कार्य मे निपुण हूँ,
मैं स्वयं ही में पूर्ण हूँ ।

मैं मौला हूँ, राम हूँ,
गीता हूँ, कुरान हूँ,
मैं ईद हूँ, दिवाली भी हूँ,
भजन हूँ, कव्वाली भी हूँ,
दंगा हूँ, कानून हूँ,
हर कार्य मे निपुण हूँ,
मैं स्वयं ही में पूर्ण हूँ ।


1. तलवार 2. सोया हुआ 3. मूर्ख 4. चतुर

# 2. दुनिया:एक बाजार

यह दुनिया एक बाजार है,
यहाँ सब बिक रहें हैं,
सच कहूँ तो
यह दुनिया भी बिक चुकी है ।
इस दुनिया मे ऐसी कौन सी वस्तु है
जो पैसों से है बिकती नहीं?
मोल-भाव के इस नगरी मे
किसी की कोई हसती नहीं ।
पैसों के जो पर निकले है,
मानवता भी यहाँ टिकती नहीं,
यह दुनिया एक बाजार है,
यहाँ सब बिक रहें हैं ।

तिनका-तिनका बिका हुआ है,
घर-घर मे बाजार लगा है,
कंकड़ से लेकर पत्थर तक,
कपड़ो से लेकर मकान तक,
जल से अग्नि तक,
धरती से लेकर आसमान तक,
यहाँ सब बिक रहें हैं ।
हाथ फैलाये खड़े हुये हैं,
देव से लेकर दानव तक,
पैसों के जो पर निकले है,
मानवता हो गयी है नतमस्तक ।

यह दुनिया एक बाजार है,
यहाँ सब बिक रहें हैं ।

समुद्र की गहराई
या उसमें उठती उफान हो,
किसी की आँखो की आंसू हो
या दिल मे उठती तूफान हो,
सब बिकने लगे है ।

माँ के ममतामयी आँचल की,
पिता के फटकार की,
बहन की मेहंदी की,
भाई के प्यार-दुलार की,
हो रही है नीलामी बाजार में,
बिकती है लाज बाजार में,
यह दुनिया एक बाजार हैं,
यहाँ सब बिक रहें है ।

बिक ना जाए मिट्टी की मीठी मुस्कान,
मेरी भारत-भूमि अब रोती है, बिलकती है,
दुनिया-रूपी बाजार में उसकी कीमत लग ना जाये
सोच सोचकर उनकी आँखो से अश्रुधारा छलकती है ।

बिक गये है दिन और रातें,
बिक रहें है धूप-बरसातें,
मैं तन्हा तन्हा सा रहता हूँ,
अब अक्सर सोचता रहता हूँ
कि कहीं एक दिन मेरा ईमान, मेरी पहचान बिक ना जाये ।
यह दुनिया एक बाजार है,

हितेन्द्र कुमार

यहाँ सब बिक रहें हैं,
सच कहूँ तो
यह दुनिया भी बिक चुकी है ।

# 3. क्यों बैठा है मौन ?

क्यों बैठा है मौन,
क्यों तू उदास है,
किसकी यादों में तू हताश है,
तुझे किसकी तलाश है?

क्यों तू अपनी जिंदगी से तंग है,
जग रूठा तो क्या, खुदा है तेरे संग में,
देख, चहुँ ओर छायी उमंग है,
तू भी रंग जा दुनिया के रंग में,
क्यों तू बना बैठा लाश है?
क्यों बैठा है मौन, क्यों तू उदास है.....

क्यों तेरी साँस थक चुकी है,
कहाँ तेरी राहत बिक चुकी है,
क्यों तेरी धड़कन रुकी-रुकी है,
क्यों खुशियों की पाती सुखी है,
क्यों हर पल रहता तू निराश है?
क्यों बैठा है मौन, क्यों तू उदास है.....

साहस कर, तू आगे बढ़,
तू उठ और मेरे साथ चल,
तू चलता चल, संकट से लड़,
करते हैं हम कोई नई पहल,
क्यों न तमस में ढूँढे तू प्रकाश है?

हितेन्द्र कुमार

क्यों बैठा है मौन, क्यों तू उदास है.....

जीवन के दिन चार है,
मनु तन मिलता इक बार है,
तू वीरों की भूमि में जन्मा है,
साँस में तेरे राम, मन में कृष्ण रमा है,
क्यों करता जीवन का नाश है?
क्यों बैठा है मौन, क्यों तू उदास है,
किसकी यादों में तू हताश है,
तुझे किसकी तलाश है?

# 4. लाचार

उस दिन मग़रूर[1] सारा चूर हो गया,
वहाँ जाने को मजबूर हो गया,
मैं मजबूर होकर, निकल पड़ा उन खुनी सड़को की ओर,
उन राहो में, गम के साये थे, वहाँ अपने भी पराये थे,
तनहा सा, अजनबी सा, मैं चलता रहा,
गुजरता रहा, उन सँकरी गलियों से ।

कोई पूछने वाला न था, क्या मैं ख़ैरियत से हूँ,
कैसी फ़िज़ा[2] थी वह, वहाँ घुटन सी महसूस होती थी,
वहाँ गर्म हवाएँ चलती थी, तन्हाई चुभा करती थी,
तनहा सा, अजनबी सा, मैं चलता रहा,
गुजरता रहा, उन सँकरी गलियों से ।

कुछ दूर चलने पर देखा, लगी थी लोगो की कतार,
मचा हुआ था शोर, भीड़ लगी थी चारो ओर,
पास गया तो देखा मैंने, अद्र्ध-नग्न बहना पड़ी हुई थी,
तमाशबीन सब देख रहे थे, बहन मेरी वहाँ तड़प रही थी,
पास में बैठी मेरी माँ बिलख-बिलख कर रो रही थी,
कोई सुनता न था मेरी पुकार, मैं बैठा रहा लाचार ।

1.घमंड 2.वातावरण

# 5. मेरी माता संस्कृत महान

सहज, सरल, निष्कलंक, पावन,
मेरी माता संस्कृत है महान।
राजा, रंक न कोई सिपाही,
देव न दानव कर सके बखान ॥

समाहित तुझमे चतुर्वेद, त्रिभुवन,
अष्टधातु, नवग्रह, त्रिकाल।
वंदन करे सदा चतुरानन,
मेरी माता संस्कृत है महान ॥

गिरिधर करे नित्य अभिषेक,
तू यशप्राप्त, तू निर्विकार।
मनोहर, गुणयुक्त तू निर्विवाद,
मेरी माता संस्कृत है महान ॥

उपासक तेरे है दशानन,
किससे करूँ तेरा उपमान।
तू शाश्वत, तुझमे सूर्य सा प्रताप,
मेरी माता संस्कृत है महान ॥

संस्कृत है भारत की शान,
राष्ट्र को तुझ पर अभिमान।
तू देवालय, निर्मल, आनंदाश्रम,
मेरी माता संस्कृत है महान ॥

शरणागत है रणधीर, कलाप्रवीण,
कविश्रेष्ट करें आमरण ध्यान ।
करें पुरुषोत्तम तेरी महिमा गान ,
मेरी माता संस्कृत है महान ॥

# 6. नापाक को पाक बनाये

मेरे देश के पहरेदारों के कानों में गूंजे हैं बमों की आवाज़,
हम कैसे पटाखे जलाये यहाँ, होगा कैसे दिवाली का आगाज ?

हम ऐसा त्यौहार मनायेंगे, चहुंओर प्रकाश फैलाएंगे,
हम इतने दीप जला देंगे, उन्हें शान्ति का पाठ पढ़ा देंगे ।

हम हाथ धरे बैठे क्यूँ है, हम व्यर्थ में ही लेटे क्यूँ है;
आज ऐसा त्यौहार मनाये हम, नापाक को पाक[1] बनाये हम ।

माँ भारती हमको रही है पुकार, आह्वान करती है बार-बार,
वे करने में तुले है हमको बर्बाद, हम पुनः स्वर्ग को करें आजाद ।

मेरे देश के पहरेदारों के कानों में गूंजे हैं बमों की आवाज़,
हम कैसे पटाखे जलाये यहाँ, होगा कैसे दिवाली का आगाज ?


1. पवित्र

# 7. यह युग न हो जाए अमर

सर्वत्र अशांति व्याप्त है, अहिंसा हो गई है जर[1],
मद-लोभ के प्रताप से, कहाँ खो गए है नर,
भ्रष्टाचार-रिश्वत के दम से, रूपये पैसो के निकले है पर[2],
सत्य के अनुयायियों की, मुश्किल हो गयी है डगर,
यही कलयुगी रीत है, यह युग न हो जाए अमर ।

कुल्हाड़ी की मार से रोते है तरुवर,
उनके अश्रुधारा से ही, क्या भरता है नर का उदर ?
तू संकल्प कर तू आगे बढ़, बेसहारे वृक्षों की रक्षा कर,
आक्सीजन की भी कमी हो रही, वक्ष पर हो रहा असर,
यह युग न हो जाए अमर, यह युग न हो जाए अमर ।

ऐ हितवर जागो, तुझे किस बात की फ़िकर,
रघुवीर पुत्र, तुम रघुवर, क्यूँ थके है तेरे कर[3],
तुम शुर वीर बनो, सर्वत्र गूंजेगा तेरा स्वर,
इस भूधरा पर हो, तेरे पुण्य कर्मो का असर,
यह युग न हो जाए अमर, यह युग न हो जाए अमर ।

1.नष्ट होने की अवस्था 2.पंख 3.हाथ

# 8. माँ

माँ बोली -
मैं साथ हूँ तेरे, तुझे किस बात का ग़म है,
मैं साथ हूँ तेरे, फिर तेरी आँखें क्यों नम है |

बेटा कहता है -
माँ,
तेरी ममता को
मैं शब्दों मे पीरोना चाहता हूँ,
मैं पन्क्तियो मे समेटना चाहता हूँ,
पर निरंतर प्रयास करने पर भी असफ़ल हुआ |
मेरी माँ, अब तू ही बता,
क्या किसी भाषा मे कोई ऐसा शब्द है,
जिससे तेरा बखान कर सकूं,
तेरी महिमा गान कर सकूं |

माँ,
मैं तुझ संग जीवन जीना चाहता हूँ,
मैं तेरी आँसू पीना चाहता हूँ |
पर तेरी आँखों मे आँसू अब खुशियों के हो,
मेरी माँ, अब तू ही बता,
क्या इस भू मे कोई ऐसा कर्म है,
जिससे तेरा कर्ज चुका सकूं,
तेरा मैं अभिमान बन सकूं ॥

# 9. लिखना चाहता हूँ

मैं लिखना चाहता हूँ,
पर क्या लिखूँ ?
दिल के जज़्बात लिखूँ
या मौजूदा हालात लिखूँ,
मन की व्यथा लिखूँ
या हरि-कथा लिखूँ,
उर्दू में लिखूँ या हिंदी में लिखूँ,
लिखूँ तो किस भाषा में लिखूँ,
पर क्या लिखूँ ?
मैं लिखना चाहता हूँ |

शायरी लिखूँ
या डायरी लिखूँ,
लघुकथा लिखूँ
या आत्मकथा लिखूँ,
प्रहसन लिखूँ या संस्मरण लिखूँ,
लिखूँ तो किस विधा में लिखूँ,
पर क्या लिखूँ ?
मैं लिखना चाहता हूँ |

# मैं गजल नहीं

ये न थी हमारी क़िस्मत कि विसाल-ए-यार होता

अगर और जीते रहते यही इंतिज़ार होता |

-मिर्ज़ा ग़ालिब

# 10. विरोधाभास

मैं खुद से ही छुप-छुपके, अब खुद से बात कहता हूँ,
सोचूं न खुद के बारे में, बस खुद की बात कहता हूँ ।

मैं सपनो में भी सपना देखूं, न अपनों में अपना देखूं,
सुध-बुध चैन गंवाया मैंने, मैं दिन को रात कहता हूँ ।

मैं जब भी जीता हार गया और जब भी हारा जीत गया,
जीत-हार की समझ न मुझको, जीत को मात कहता हूँ ।

मैं सब कुछ में ही तुमको देखूं, तुझमें ही सब कुछ देखूं,
तुझे पा सबकुछ पाया मैंने, मैं तुझे कायनात कहता हूँ ।

जो तू है तो मेरा वजूद है, तेरे वज़ूद से मेरा नाम है,
मैं क़ुव्वत-ए-नाम जानूँ, तेरा नाम दिन-रात कहता हूँ ।

मैं जब टुटा वो रूठ गया, मैं जब रूठा वो टूट गया,
सुनी-सुनायी बातें न कहता, दिल के जज़्बात कहता हूँ ।

तुम जिस दिन अपने आप को मेरी नजर से देखोगे,
अल्लाह कसम, उस दिन तुम्हे मुझसे प्यार हो जायेगा ।

# 11. वो है सुख-तर

हैं ख़बर हमको हर बात पे वो है सुख-तर[1],
पर बेहुनर होना किसी हुनर के होने से कम नहीं ।

थी इंतज़ार हमको बेहया नींद की ता-सहर[2],
नींद की रूठने की वजह कोई और है, हम नहीं ।

बेख़बर को बा-ख़बर कर कि हैं हम सुखनवर[3],
ना पढ़ीं होंगी मेरी नज्म, सोचे हमें हैं ग़म नहीं ।

हो गये हम शजर[4]मानिंद[5] पूछे न कोई खैर-खबर,
दिल तो है उदास बहुत पर आँख हुई नम नहीं ।

किये नुस्खे लाखों चारागर[6]ने, मगर हुए सब बेअसर,
जिंदा हूँ मय[7]पीकर के, यक़ीनन मय सम[8]नहीं ।

पागल अवारा सा भटकूँ मैं, इस नगर कभी उस नगर,
जुनूँ-ए-इश्क़ सिर से हटा सके, ज़माने में इतना दम नहीं ।

---

1.बेहतर 2.सुबह तक 3.कवि 4.पेड़ 5.जैसा 6.चिकित्सक 7.शराब 8.विष

चूड़ियों की खनखन नदारद, पायलों की छनछन नहीं,
बेवफा हो गयी है रात, सुकून अब सुब्ह-दम नहीं ।

# 12. क्या भरोसा

क्या भरोसा, जितनी पहले बेवफा थी उतनी बेवफा अब रही न हो,
क्या भरोसा, उसके जीवन में पहले जैसी ख़ुशी की अब कमी न हो।

क्या सही, क्या गलत, इसका फैसला करने वाले हम होते कौन हैं,
क्या भरोसा, हम जिसे सही समझ रहे उसकी नज़र में सही न हो।
तुम उसके उस तिल वाले हसीं चेहरे पे अपनी जान लुटाते रहतें थे,
क्या भरोसा, वह तिल हट गया हो, वह पहले जैसी अब हसीं न हो।

जो तुम्हारी खुशी के आँगन को उजाड़ कर अपने घर को चली गयी,
क्या भरोसा, उसकी अपनी खुद की बस्ती अब तक बसी न हो।
जिसे तुम अपनी अमानत कहते थे, तुम्हें ठोंकर देकर निकल गयी,
क्या भरोसा, वह चाहकर भी किसी की अमानत बन सकी न हो।

तुम जिससे ज़िक्र-ए-इश्क़ करके अपने ही नजरों में गिर चुके थे,
क्या भरोसा, वह बेवफाई की मूरत अपने नजरों में गिरी न हो।
क्यों बेवजह एक और दफा इजहार-ए-इश्क़ की ख्वाहिश कर रहें,
क्या भरोसा, उसे आज भी तुम्हारी कही बातों पर यकीं न हो।

तुम उसकी फ़िक्र छोड़कर, खुद के घर में आये बाढ़ की फ़िक्र कर,
क्या भरोसा, उसके शहर में बारिश की एक बूँद भी पड़ी न हो।
वह कल तक यही पर थी, आज किसी और घर गुल खिलाती होगी,
क्या भरोसा, वह भटकती शोख हसीना कल की रोज कहीं न हो।

# 13. जनम-जनम

न शिकवा हो कभी तुझसे,सदा साथ रहें हमदम,
रहेगा सदा तेरा-मेरा रिश्ता ये जनम-जनम ।

छाये जीवन में जब अँधियारा, साथ जलें तुम-हम,
कांटो से कभी न डरे,बढ़ायेंगे क़दम-क़दम ।

मिल सामना करें सैलाब का,न कम पड़े खमदम,
जीवन-नैया में एक दूजे के बनेंगे गदम-गदम ।

नशा-ए-इश्क़ यूँ ही चढ़ता रहें,हम फहरा दें परचम,
ग़र नशा कम पड़ जाये,पियेंगे चिलम-चिलम ।

इश्क़ जब कभी एक घाव बने,इश्क़ ही बने मरहम,
इश्क़ ही कर्म-धर्म बनें,निभाएंगे करम-धरम ।

हर कविता के पीछे एक कहानी होती है,
हर कहानी में छिपी इक जिंदगानी होती है

# 14. कुछ ही दिनों के इश्क़ में

कुछ ही दिनों के इश्क़ में,तू मेरे अलावा सब भूल गयी थी,
मैं भी कितना खुल गया था, तू भी कितना खुल गयी थी ।

लाख कोशिशों के बाद आख़िरकार तुम्हें भूल बैठा था,
नादान दिल के हरेक कोने से तुम्हारी याद धूल गयी थी ।

मैं पूछना तो नहीं चाहता पर क्या करूँ ये मन नहीं मानता,
सच सच बता उस शाम किसके संग हावड़ा-पुल गयी थी ।

जब भी मेरा कुत्ता तुम्हारी तस्वीर देखता है, रो पड़ता है,
शायद याद होगा कि तुम उससे कितना मिलजुल गयी थी ।

आज बहुत सालों के बाद जुबान में तुम्हारा नाम आया,
नाम लेते ही,अंतस में तुम फिर एक दफ़ा घुल गयी थी ।

सूना है मेरे अंदाज-ए-इश्क़ के कई दीवाने है,
पर जिनके हम दीवाने है, वही इस बात से अनजाने है।

# 15. तसव्वुर-ए-रंजीदा

ये मेरा अरमान[1] है, तू मौत का फ़रमान[2] कर दे,
कब तक ऐसे जिंदा रहूँगा, तू दर्द का दरमान[3] कर दे ।

गर मेरे नसीब में न लिखी हो छत की छाया,
तो ऐसा कर मेरे नाम तू आसमान कर दे ।

कब कोई इंसान इतना दर्द सह सका है,
गर गम बे-लगाम देना है तो तू मुझे भगवान कर दे ।

क्यूँ हमें अपना बताकर गैरो सा बर्ताव कर रहे,
क्यों न एक पल ही में तू मुझे अनजान कर दे ।

ऐसे तूफ़ान में कब तक नादान दिल टिक सकेगा,
कर मेरी मुश्किल आसाँ, मेरा दिल चट्टान कर दे ।

मौला, गर मुमकिन हो तो कर दे सबको हैरान,
लौटा मेरी पहचान, वापिस मेरी मुस्कान कर दे ।

---

1.इच्छा 2.आदेश 3.ईलाज

जिस दिन मैं खुद को, ख़ुदा को और दिलरुबा को पा लूंगा,
मैं हँसते-हँसते पुरे सुकून से मौत को गले लगा लूंगा।

# 16. मैंने की

जो है तुमपे मेहरबान उनकी ख़िदमत[1] मैंने की,
करें जो तुमसे अदावत[2], उनसे नफ़रत मैंने की ।

तुम्हे चाहने की हिम्मत बहुतो ने की होगी,
पर तुमसे मोहब्बत करने की जुरअत[3] मैंने की ।

लोग मस्जिद जा, ख़ुद के लिये दुआ करते,
पर दर-ए-रब जा, ख़ुदा के लिए मिन्नत[4] मैंने की ।

लोग तुम्हारी नियत पे सवाल करने लगे थे,
तुम्हें बोहतान[5] से बचा, ख़ुद की ज़िल्लत[6] मैंने की ।

जो होना था सो हुआ, तुम खुद को सजा न देना,
गुनाहगार तो मैं हूँ, जो ऐसी हरकत[7] मैंने की ।

मैं एक वक्त की रोटी में गुजारा करता लेता हूँ,
तू मौज कर, तुम्हारे हवाले सारी शोहरत मैंने की ।

तुम्हारें खुशियों के हक़दार मिल जायेंगे बहुत,
पर तुम्हारे हर दर्द के साथ शिरकत मैंने की ।

---

1.सेवा 2.दुश्मनी 3.हिम्मत 4.प्राथना 5.झूठा अभियोग, फ़जीहत 6.बेइज्जती 7.दुष्कर्म

# 17. कोई अच्छा काम कर लूँ

चलो बैठे-बैठे मैं कोई अच्छा काम कर दूँ ,
सुबह तो है ही तेरी, शाम भी तेरे नाम कर दूँ ।

अब हिम्मत नहीं और ख़ुशी बर्दाश्त करने की,
अब सारी खुशियों को मैं गमो के नाम कर दूँ ।

तुम हो मशहूर और मैं एक शायर गुमनाम हूँ,
खुशनाम नहीं तो मैं खुद को बदनाम कर दूँ ।

कब तक हम दोनों सँभाल रखेंगे ये असरार[1],
सोचता हूँ मैं इश्क़ का जिक्र सरेआम कर दूँ ।

क़तरा क़तरा विसाले-यार[2] की साजिश करता ,
क्यों न कायनात की कोशिशें नाकाम कर दूँ ।

---

1.राज 2.यार से मिलन

जब तक मैं राम हूँ बस सीता से प्रीत निभाऊंगा,
रास करूँगा हर रोज, जो खुद को घनश्याम कर दूँ।

# 18. थोड़ा-थोड़ा

सूनी-सूनी राते बीते हैं, तनहा दिन मेरे बीते हैं,
थोड़ा-थोड़ा जगते है फिर थोड़ा सा सो लेते है ।

याद तेरी जब आ जाती है, आँखें नम हो जाती है,
थोड़ा-थोड़ा हँसते है फिर थोड़ा सा रो लेते है ।

तुम बिन मुश्किल जीना, मुश्किल मरना लगता है,
थोड़ा-थोड़ा मरते है फिर थोड़ा सा जी लेते है ।

हर दवा नाकाम हो गयी, अब नशा का सहारा है,
थोड़ा-थोड़ा फूँकते है फिर थोड़ा सा पी लेते है ।

जब भी नयी खुशी देखी, मुँह में पानी आता है,
थोड़ा-थोड़ा सोचते है फिर थोड़ा सा ही लेते है ।

मुझे मनाने की तुम्हारी हर कोशिश नाकाम होगी,
क्योंकि रूठने का यह अंदाज मैंने तुम्ही से सीखा हैं ।

## मेरे गीत, आपके धुन

हम ने कुछ गीत लिखे हैं जो सुनाना हैं तुम्हें

तुम कभी बज़्म सजाना तो ख़बर कर देना ।

- मंसूर उस्मानी

# 19. बारिश की बूंदें

बारिश की बूंदें भी मोती सा लागे,
चलूँ बहके बहके मैं किरणों से आगे ।

जो तू ना मिली थी, मैं तनहा अकेला था,
तेरे आने से दिल में हसरत जगी है,
भटकते-भटकते कहीं गुम हुआ था,
अब जीने की मुझको तो मक़्सद मिली है ।

बारिश की बूंदें भी मोती सा लागे,
चलूँ बहके बहके मैं किरणों से आगे ।

जिन फूलो की खुशबू से बाते मैं करता था,
अब दिल में उतरकर, सताने लगी है,
महकते-महकते, मैं मुरझा गया था,
अब महकी है दुनिया और कली खिली है ।

बारिश की बूंदें भी मोती सा लागे,
चलूँ बहके बहके मैं किरणों से आगे ।

मुझे नशा सा चढ़ गया है, और बेहोश भी नहीं हैं,
पर शराब मैं न पीता, ये असर तेरी आँखों का है ।

# 20. तू चंदा मैं चकोर

साँसों की राहत है तू, दिल का चैन,
तुम बिन न बीते दिन है, न बीते है रैन,
मेरी चाहत तू, मेरी मन्नत तू, मेरी बातें जुडी है तुझसे,
मेरी धड़कन तू, मेरी जन्नत तू, नाराज क्यों है तू मुझसे ।

मेरी निंदिया खोयी हुई है, तू चंदा मैं चकोर,
मेरी नजरे ठहरी हुई है, इक तेरी ओर,
मेरा गीत तू, संगीत तू, सुनी तुझ बिन है जिंदगानी,
मेरी ख्वाहिश तू, जज्बात तू, आ लिख दे प्रेम कहानी ।

मेरी हर बातो में अब तेरा जिक्र है,
मेरे इस दीवाना दिल को तेरा फ़िक्र है,
मेरी नमाज़ तू, आयत तू, तेरी हर बात याद हैं मुझको,
मेरा सवाल तू, जवाबात तू, जवाब कैसे दूँ तुझको ।

मुझे हर जगह तेरे नक़्श-ए-पा दिखाई देते है,
हर कदम तेरे पैरो से पैर लगने का अहसास देता है ।

# 21. कैसे बताये

मेरे दिल की बातें दिल में है बसी, हाल-ऐ-दिल, कैसे हम समझाए,
हमें इश्क हुआ था, कभी तो किसी से, हम किस्सा ये कैसे सुनाये ।

यूँ जो सपने टूटे कैसे लागे, हम तुमको ये कैसे बताये...

वो गीत थी मेरी, मैं उसका तराना, उसकी बातों को हम गुनगुनाये,
वो लहरों का पानी, मैं था किनारा, संग उसके हम बहते जाए ।

यूँ जो सपने टूटे कैसे लागे, हम तुमको ये कैसे बताये...

वो बारिश की बुँदे, मैं राही हूँ प्यासा, छोड़ मुझको वो सबको भिगोये,
हमें चाहत न हो, यूँ फिर किसी से, कोई दिल मेरा तोड़ ना जाए ।
यूँ जो सपने टूटे कैसे लागे, हम तुमको ये कैसे बताये...।

---

मैं मौत को गले लगा लूंगा ग़म-ए-फ़िराक़ में,
हर बात के मानिंद इस बात को न ले मज़ाक़ में ।

# 22. तेरे इंतजार में

ये रात न गुजर जाए, तेरे इंतजार में,
ये बात न बिखर जाए, तेरे इंतजार में ॥

तनहाई मेरे पास, तू नाराज़ कहीं है,
अब ग़म-ए-जुदाई, मुझे बर्दाश्त नहीं है।

मै जानता हूँ जानम, दिल में राज़ कई है,
तू आयेगी इक पल के लिए, आस नई है।

है राह एक, मंजिल एक, क्यों मेल नही है,
ऐ खुदा यकीनन, ये तेरा खेल नही है।

कागजों के पन्नों में मेरा हाल रख दिया,
दिखाऊ कैसे अश्कों[1] को, बहर[2] जो बन गया ।

ये रात न गुजर जाए, तेरे इंतजार में,
ये बात न बिखर जाए, तेरे इंतजार में ॥

---

1.आंसुओं  2.सागर

कुछ दिनों से तड़प रहे है, हम उनके दीदार को,
ख़बर लगी वो आ रहे है, कुछ सुकूँ मिला बीमार को ।

# 23. ताज की बात

चंद शब्दों में दिल की बातें बताना इतना आसां है नहीं,
गर इतना आसां होता तो कोई ताजमहल बनाता तो नहीं ।

शाहजहां के जरिया-ए-इश्क को हमने कभी देखा ही नहीं,
वरना प्रेमी अपनी प्रेमिका को मुमताज बुलाता तो नहीं ।

उनके इश्क की गहराई को हमने कभी परखा ही नहीं,
वरना ये कलयुगी आशिक कसम ताज की खाता तो नहीं ।

दर्द-ओ-इश्क से भरा उनका ये जो किस्सा है,
तभी इतिहास के पन्नो में इनका हिस्सा है।

मानव, मानवता की धर्म को क्यों भूल गए,
प्रेम ही प्रेम की भाषा है हम क्यों भूल गए ।

ताज सबकी अमानत है, अपना बताते क्यों हो,
धर्म के नाम पर भाई से लड़ाते क्यों हो ।

मैं ऐसे कैसे मान लूँ कि तुम मेरी अमानत नहीं हो,
तुम्हे ग़ैर होना है तो किसी और की होकर दिखाओ ।

# विविध

ऐ ग़म-ए-ज़िंदगी न हो नाराज़

मुझ को आदत है मुस्कुराने की ।

-अब्दुल हमीद अदम

# 24. डबल मीनिंग का जमाना

ये डबल मीनिंग का जमाना है,
जो न समझा वो काना है ।

मुश्किल इस तथ्य को समझाना है,
पर ये सत्य सोलह आना है ।

ये न किसी किंग का खजाना है,
पर यह मैटर बहुत पुराना है ।

इसका अधिनियम न किसी ने जाना है,
पर नहीं इससे कोई अनजाना है ।

इसका कोई प्रेमी तो कोई दीवाना है,
मेरी नजर में यह इक पागलखाना है ।

अब हमें जन-जाग्रति लाना है,
सबको इसका महत्व बताना है ।

कद्दू कटेगा तो सबको पाना है,
क्योंकि मेरे अंकल मेरे नाना,
ये डबल मीनिंग का जमाना है,
जो न समझा वो काना है ।

## 25. वह आकर पास

कुछ दिनों पहले,
एक लड़की पर नज़र पड़ी,
वह बहुत हसीन सी लगी ।
अक्सर
वह आकर पास
रुक जाती थी मेरे ।
मैं स्तब्ध
देखता रहता उसे,
उसका दमकता चेहरा
स्मरण भी नहीं रहता मुझे,
वह आती,
हंसती, खिलखिलाती,
मैं न उसे जानता,
न वह मुझे पहचानती ।
अक्सर
उसे देख मैं ठहर जाता,
अक्सर
वह आकर पास
रुक जाती थी मेरे ।

एक दिन,
साधारण सी वायु
मुझे सुगंध युक्त पवन लगने लगी ।
रात की चांदनी

मेरे दिल तक उतरने लगा ।
मुझे एहसास था
कि प्यार हो गया था मुझे ।
कोई अनहोनी ऐसी हुई
कि अब बस उसकी यादें साथ हैं मेरे ।
अक्सर
उसे देख मैं ठहर जाता,
अक्सर
वह आकर पास
रुक जाती थी मेरे ।

मेरी नज़र बहुत कुछ कह चुकी, कुछ बातें बाकी है अभी,
जो जज्बात आँखें न बयाँ कर सकी, लफ़्जो में रख देंगे कभी |

# 26. क्यों रो रहा हूँ

न जाने क्यों रो रहा हूँ, क्यूँ किसी की यादों में खो रहा हूँ?
याद उसकी मुझे बहुत सताती है,
उसके वो ही बातें मुझे रुलाती है ,
आजकल रात को भी नहीं सो रहा हूँ ।
न जाने क्यों रो रहा हूँ, क्यूँ किसी की यादों में खो रहा हूँ?


वो मुलाकाते जो मैं भुला नहीं पाया ,
साथ ना छोड़े मेरा जैसे धुप में छाया,
मैं आज भी वैसा ही हूँ, पहले जो रहा हूँ ।
न जाने क्यों रो रहा हूँ, क्यूँ किसी की यादों में खो रहा हूँ?


मानो वह दूर होकर भी मेरे पास हो ,
जैसे वह अपनो से भी ख़ास हो ,
मुझे तो उसकी तलाश है, जिसे मैं खो रहा हूँ ।
न जाने क्यों रो रहा हूँ, क्यूँ किसी की यादों में खो रहा हूँ?

आज भी लोगो की जुबान में ज़िंदा हमारा किस्सा है,
मेरे दिल के हरेक कोने में अब भी तुम्हारा हिस्सा है ।

# 27. शायद तुम अब, वह तुम न रही

मुझे भी प्यार हुआ था,
शायद वह तुम ही थी,
पर मै अब तुमसे प्यार नही करता,
शायद तुम अब, वह तुम न रही ।

हाँ ...
जब तु मेरे पास होती थी,
मेरी धड़कने तेज हो जाती थी,
पर अब ऐसा कूछ एहसास नही होता,
शायद तुम अब, वह तुम न रही ।

हाँ ...
तपती धूप मे, जब मै राहगीर सा था,
तब तुम मेरी परछाई हुआ करती थी,
पर अब सूरज भी साथ नही चलता,
शायद तुम अब, वह तुम न रही ।

हाँ...
जब मै बारिश की बूँद होता था,
तुम मिट्टी की सौंधी खुशबु होती थी,
पर अब बूँदों को मिट्टी का साथ नही मिलता,
शायद तुम अब, वह तुम न रही ।

www.ingramcontent.com/pod-product-compliance
Lightning Source LLC
LaVergne TN
LVHW041550060526
838200LV00037B/1216
* 9 7 8 1 6 3 6 0 6 3 0 5 8 *